welkom

beeldscherm

computer

muis

cd

cd-brander

scanner

AVI: 4*

Leesmoeilijkheid: Woorden eindigend op -a, -o, -u

Thema: Kunst maken

* Zonder de leesmoeilijkheid is het AVI-niveau: AVI 3

Zwijsen

Ann Stolting
Kunst te koop!

met tekeningen van Juliette de Wit

Bikkels

1. De boom in

Op het plein staat een grote eik.
Kijk nog eens goed.
Wat zie je dan?
Een hoofd met kort, blond haar?
Een hoofd met zwarte krullen?
Dat zijn Benno en Jelmer.
Benno en Jelmer zijn een tweeling.
Maar die lijken toch altijd op elkaar?
Nou, Benno en Jelmer juist niet.
Wat doen ze daar in die boom?
Ze hebben zich verstopt.

Op het plein loopt een man.
Hij is boos.
Hij houdt een voetbal vast.
Hij loopt naar het huis links.
Er doet niemand open.
Dat kan ook niet.
Jelmer en Benno wonen daar.
En Isa, hun moeder woont er.
Maar Isa is aan het werk in het buurthuis.
De buurman gaat naar het huis rechts.
Hij belt aan.
Oei, nu zijn de jongens bang.

Dat is het huis van Kim.
Haar moeder is wel thuis.
Ze doet de deur open.
De man zegt iets.
Dan laat hij haar de bal zien.
Kims moeder loopt naar binnen.
Even later komt ze terug.
Ze schudt nee.
Dan gaat de buurman naar huis.
Wat gaat hij nu doen?
Hij heeft een bezem in zijn hand.
Hij veegt kapot glas bij elkaar.

Kijk nu nog eens naar de boom.
Daar, zie je dat?
Nog een hoofd.
Dat is Kim.
Ze zit ook in de boom.
'Pst,' zegt het hoofd van Kim.
'Mag ik nu uit de boom?'
'Nee hoor.
Nog lang niet,' zegt Jelmer.
'Maar ik plas bijna in mijn broek,' zegt Kim.
Meisjes.
Daar is altijd wat mee.
Maar Kim is juist niet zo.

Ze is meer een jongen.
Ze houdt van voetbal.
Daarom zit ze ook in de boom.
Om het voetbal.

2. Ruit stuk!

Het is woensdag.
Dan zijn ze om twaalf uur vrij.
Kim is Benno en Jelmers beste vriend.
Ja, nee, vriendin dus!
Ze voelt zich meer een vriend.
Dat komt zo.
Kim is net zo stoer als een jongen.
Ze zit al drie jaar op judo.
Ze giechelt nooit.
Nou ja, alleen als je haar kietelt.
Niet zeggen, hoor.
Anders gaan Benno en Jelmer dat ook doen.

Nu zijn ze in de tuin van de buurman.
Hij woont er nog maar pas.
Hij zit de hele tijd in zijn tuinhuis.
Dat op een iglo lijkt.
Wat zou hij daar doen?
Ze gluren naar binnen.
Niks te zien.
Dat maakt extra benieuwd.
Oei, gauw weg.
De buurman komt er aan.
Dan maar een potje voetbal.

Op het plein voor de deur.
Het gaat net lekker.
Om de beurt staan ze op doel.
Tot Kim heel hard schiet.
Benno neemt een duik, maar mist.
De bal gaat recht op een nieuw doel af!
De deur van de buurman.
Rinkel-de-kinkel.
De ruit in de deur is stuk.

Het wordt heel stil.
Van schrik rennen ze hard weg.
Ze klimmen hoog in de boom.
Maar na een uur is het niet leuk meer.
Niet als je naar de wc moet.
Of dorst krijgt, zoals Jelmer.
'Kom, we gaan naar ons huis,' stelt Benno voor.

Isa, hun moeder, is er nog niet.
Ze drinken een groot glas limo.
Trring, trring.
De jongens springen op.
Wie zou dat zijn?
Benno is het eerste bij de telefoon.
'O hallo, mevrouw van Wijk.
Nee, we zijn net thuis.

Is dat zo?
Ja, goed, hier komt Kim.'
'Kim, je ma,' zegt Benno.
Hij geeft de hoorn aan Kim.
Kim knikt en schudt haar hoofd.
Ze zegt vier keer: 'met de bal.'
En dan: 'Oké mam, ik kom eraan.'
Ze kijkt Benno en Jelmer aan.
Ze zegt: 'O, o, nu krijg ik op mijn kop!
Ik moet naar de buurman.'

De jongens gaan mee.
Het is ook hun schuld!
Kims moeder geeft ze een preek.
Dat ze stom zijn.
Dat het aso is om weg te rennen.
Kim knikt ja en nee.
Jelmer en Benno ook.
Ze gaan naar de buurman toe.
Hij zet iets in de deur.
Op de plek van het raam.
De drie willen wat doen.
Maar de buurman is boos.
'Ja hallo.
Kijk toch uit wat je doet.
Ik stuur wel een giro,' zegt hij tegen Kim.

Ze zijn er stil van.
Kim moet naar haar kamer.
Benno en Jelmer gaan naar huis.

3. Slecht nieuws!

Isa, de moeder van Benno en Jelmer komt thuis.
Ze hoort het verhaal.
Over de ruit die stuk is.
'Maar de afwas is gedaan,' zegt Benno er snel bij.
'En Jelmer pakt sla uit de tuin.'
Maar hoort ze het wel?
Ze wordt niet eens boos.
Dit klopt niet.
Wat kijkt ze raar.

'Ma, wat is er?' vraagt Jelmer.
'Wil je soms chocola?' vraagt Benno.
Benno pakt een groot stuk.
Dan komt het.
Het buurthuis moet dicht.
Er is geen geld meer.
Mama is boos.
Hoe moet het dan?
Benno en Jelmer hebben geen vader.
Hun moeder maakt kunst.
Maar ze verkoopt niks.
Daarom geeft ze les.
In het buurthuis.
Wat nu?

'Het stadhuis heeft geld zat,' zegt hun ma.
'Maar voor ons is er niks!'
Benno geeft Jelmer een por.
Ze moeten een plan maken.
Daar hebben ze Kim bij nodig.

'Maak je niet druk, ma,' zegt Benno.
'We vinden wel wat,' vult Jelmer aan, 'met Kim.
Hoe laat moeten we thuis zijn?'
Voor ze antwoord geeft, zijn ze al weg.
Ze weten het al.
Zes uur.

Ze nemen de snelle weg.
Door de tuin.
De tuin van de buurman.
Als hij ze maar niet snapt.
Want dan zwaait er wat!
Hup, door het gat in de heg.
Dan staan ze in de tuin van Kim.
Jelmer fluit één keer hard.
Daar is Kim.
'Hallo,' roept ze.
'Kom maar.'

Kim zit in haar kamer.

Ze praten over het buurthuis.
Kim vindt het ook heel erg.
'Laten we actie voeren,' zegt Benno.
'Goed plan,' vindt Kim.
'We moeten geld geven.'
'Goed plan,' vindt Kim nog steeds.
'Maar hoe kom je aan dat geld?
Daar moet je wel wat voor doen,' zegt Kim.
'Eh ja, dat is zo,' vindt Benno, 'en daarom zijn we
hier.
Jij hebt vast wel een goed plan.'
'Mm,' zegt Kim.

'Laat me eens zien.'
Ze krijgt een diepe frons.
'Eh, zullen we een bank beroven?
Nee, dan ga je de cel in.'
'Zullen we onze spaarpot stuk slaan?
Nou, daar zit maar een paar euro in.'
'Zullen we onze ouders om geld vragen?
Die zien ons al.
Net na die ruit.'

Kim denkt nog eens diep na.
'Ik weet het,' roept ze dan.

'We gaan briefkaarten maken.
Daar gaan we mee langs de deur.'
Zie je wel!
Kim heeft weer een goed plan.
Hè jammer, het is zes uur.
Tijd om naar huis te gaan.
Morgen dan maar weer.

4. Hoe maak je een kaart?

De dag erna gaan ze uit school met Kim mee.
Ze gaan kaarten maken.
Alles staat al op tafel.
Stiften.
Verf en kwasten.
Een potlood van elke kleur.
Lijm.
Gekleurd papier.
Wit karton.

Eerst doen ze de lijnen.
Heel recht, met een liniaal.
Jelmer knipt recht langs de lijn.
Dat is best moeilijk.
Benno gaat verven.
Hij schildert een dino.
Daar is hij goed in.
Jelmer maakt vormen.
Van gekleurd papier.
Die plakt hij op de kaart.
Kim tekent eerst met potlood.
Dan kleurt ze met de stiften.
Ze maakt een korte strip.
Op de kaart komt hun naam.

Dan is het pas echte kunst.

Er gaat ook veel fout.
Eerst valt de lijmpot om.
Op de broek van Benno.
Ai, die is pas nieuw.
Nou ja, wat geeft het.
Daarna valt een glas cola om.
Op de broek van Jelmer.
Ai, die is ook pas nieuw.
Ze lachen er maar om.

Kims moeder bakt een vlaai.
Ze geeft ieder een groot stuk.
Mm, lekker zeg.
De dag is zo voorbij.
Er zijn nog maar drie kaarten gemaakt.
De vierde is bijna klaar.
Dat schiet niet echt op.

'Ik heb een beter idee,' zegt Jelmer.
'We gaan het op de computer doen.'
Kim en Benno knikken.
Jelmer weet daar veel van.
Kim en Benno niet.
Maar het lukt vast wel.

5. Op de computer

Kims vader heeft net een nieuwe computer.
Kim vraagt of het mag.
Hij vindt het goed.

Kims vader legt ze uit hoe het moet.
Ze doen een kaart op de scanner.
Die zien ze dan op het beeldscherm.
Het lijkt wel magie.
Ze doen nog van alles.
Met een muis.
Nee, geen echte muis!
De muis van de computer.
Je kunt kiezen.
Een plaatje of een foto.
Zo wordt de kaart heel mooi.
Ze zijn er lang mee bezig.
Met de computer is het leuk werk.
Ze hebben nu al veel meer kaarten.

De kaarten moeten op een cd.
De cd gaat in de cd-brander.
Dan moet de cd naar een winkel.
Een winkel waar je kunt printen.
Die winkel heet een copy shop.

Kims vader is er de baas van.
Ze mogen voor niks printen.

6. In de copy shop

Het is zaterdag.
Ze staan vroeg op.
Ze gaan naar de copy shop.
Kims vader laat ze alles zien.
Eerst stopt hij de cd in de computer.
Dan maakt hij een proef.
Om te kijken of het goed is.
Ze kiezen mooi papier uit.
Papier dat glanst.
Dat is echt fotopapier.
O, wat gaat het dan snel.
Het is nu al klaar.

Er staat een grote snijtafel.
Daar mag je niet zo bij.
Dat is veel te eng.
Kims vader legt het papier tegen de rand.
Hij trekt een groot scherp mes omlaag.
Zoef.
Het mes snijdt door het papier.
Voor je het weet zijn de kaarten klaar.
En wat zijn ze mooi!
Ze krijgen alles mee.
In een mooie tas.

Nu gaan ze op pad.
Eens kijken wie er wat wil kopen.

7. Kunst te koop!

Het eerste huis.
Ding dong gaat de bel.
Het duurt lang.
Een oude dame doet open.
'Ha, daar zijn jullie dan.
Voor het oud papier, toch?
Dat ligt in de schuur.'
Kim zegt:
'Nee, mevrouw.
Wij hebben kunst te koop.
Voor een goed doel.'
'Kom maar binnen,' zegt de dame.
Ze laten de kaarten zien.
'Hè, waar is mijn bril nu weer?' zegt de oude dame.
'Eh, op uw hoofd,' zegt Jelmer.
Ze lachen.
De oude dame is in de war.
Ze koopt vijf kaarten.
En geeft tien euro.
Dat is mooi!
'Voor het buurthuis,' zegt ze.
Nu naar nummer vier.
Niemand doet open.

Dan naar nummer zes.
Een man doet open.
Hij heeft een baby op zijn arm.
Die huilt heel hard.
'Kom maar,' zegt de meneer.
Er ligt veel troep in de gang.
Een beer hier, een bal daar.
Ze vallen er bijna over.
Jelmer doet het woord.
De man koopt ook vijf kaarten.
Hij vraagt wat er aan de hand is.

'Luister eens,' zegt hij.
'Ik werk bij de krant.
Ik maak er een stuk over.
Met een foto erbij.'
Leuk, om de buurt zo door te gaan.

Op straat zien ze een mevrouw.
Achter haar loopt een meisje.
Het meisje draagt een cello.
Benno vraagt of ze een kaart wil kopen.
De mevrouw hoort het niet.

Ze loopt snel door.

Het meisje met de cello blijft staan.

'Ja hoor.

Ik wil wel een kaart kopen,' zegt ze.

'Voor mijn vriendin Miriam.'

De mevrouw kijkt om.

Ze roept: 'Mimi schiet eens op.

Dat wordt drie uur extra spelen!'

'Hier,' zegt Kim. 'Neem deze kaart maar.

Voor niks.'

Blij stopt Mimi de kaart in de tas van haar cello.

Dan loopt ze door.

'Ik moet naar de schouwburg,' roept ze.

De drie kijken haar na.

'Dat lijkt me ook wel wat,' zegt Jelmer.

'Muziek maken.'

'Ja,' vindt Kim, 'gaan we ook een keer doen.

Maar eerst door met de kaarten!'

9. De boze buurman!

'Gaan we ook naar de boze buurman?' vraagt Benno.
'Nee joh, ben je gek,' zegt Jelmer.
'Ja, wel,' vindt Kim, 'kom op zeg!'
Ze duwen elkaar opzij.
Niemand wil voor.
Ze bellen één, twee, drie keer.
Er komt niemand.
Hij zit vast weer in zijn iglo.
Ze gaan de tuin weer uit.
Dan gaat de deur open.
'Hé, wat moet dat?' klinkt het streng.
Kim valt van schrik om.
In een grote struik.
Een struik met scherpe doorns.
De buurman helpt haar.
'Au.'
Kim heeft zich flink bezeerd.
Haar knie bloedt.
Kim is erg stoer.
Maar ze is bang voor bloed.
Ze huilt heel hard.
En ze snikt er ook nog flink bij.
'Nou nou, kom dan maar.
Niks aan de hand,' zegt de buurman.

Ze zijn nooit in zijn huis geweest.
Wel in de tuin.
Kim krijgt een pleister op haar knie.
Ze staan in de kamer.
Aan de muur hangt een kunstwerk.
Jelmer kijkt ernaar.
'Wat een mooi kunstwerk.
Wie heeft dat gemaakt?'
'Ik,' zegt de buurman.
'Ik ben schilder.'
Jelmer kijkt nog eens.
Op het kunstwerk staat *Marco Peer*.
'Maar bent u Marco Peer?'
'Ja,' zegt de buurman.
'Ik ben Marco Peer.
Zeg maar Marco, hoor.'
Er hangt ook een foto aan de muur.
Een foto van Marco.
Hij krijgt een prijs.
Jelmer zegt: 'Mijn ma heeft het wel eens over u.
Ze zegt dat u heel goed bent.'

Ze laten de kaarten zien.
Aan de boze buurman.
Marco Peer dus.
De schilder.

Hij koopt wel twaalf kaarten.
'Ik vind ze erg mooi,' zegt hij.
'Ik vind het ook goed dat jullie zo je best doen.'
Hij geeft het buurthuis een cadeau.
Een kunstwerk.
'Daar moet je dan veel geld voor vragen,' zegt Marco.
'En al het geld is voor het buurthuis.'
En Marco zegt ook nog: 'Weet je wat je moet doen?
Geef een groot feest voor het buurthuis.'
'Wat een goed plan, meneer Peer,' zegt Kim.
'Zeg maar Marco, hoor,' zegt hij dan.
Nou zeg.
Dat is ook wat.
Eerst de nieuwe buurman.
Toen de boze buurman.
En nu al Marco.

Maar nu moeten ze weer op stap.
Langs het plein.
Aan het eind van de dag zijn de kaarten op.
Ze hebben honderd euro verdiend.

Het is tijd voor bami.
Bij Kim thuis.
Onder het eten zijn ze heel druk.
Ze hebben ook zo veel beleefd!

En wat een goed plan van Marco.
Van de boze buurman.
Die best wel aardig is.
Een feest geven ...
Dat is nog eens super!

11. Het grote feest

Hè, hè, het is zover.
De dag van het grote feest.
Benno kon er haast niet van slapen.
Jelmer ook niet.
Kim wel, hoor.
Die had een fijne droom.
Over voetbal.
'Hallo, wakker worden, Kim!
Het is de dag van het grote feest.'

Ze hangen slingers op.
Ze doen al het geld in een bus.
Er komt een disco met een echte dj!
Er is cola en wijn.
Er is brood met saté.
Kim heeft een mooie jurk aan.
Dat heeft ze niet vaak.

De hele dag is het feest.
Er is veel te doen.
Er komt een vrouw van de radio.

Er komt een foto voor de krant.
En wie staan er op de foto?
Jelmer, Benno en Kim.
Zij kwamen met het plan.
Het kunstwerk van Marco Peer wordt verkocht.
Voor heel veel euro.
Er is ook nog bingo.

Dan gaan de stoelen aan de kant.
Het is het tijd voor de disco.
Kim danst met Jelmer.
Benno danst met de oude dame.
Marco danst met Isa.
Marco en Isa zijn vast verliefd.
Het feest is heel leuk.
Maar nu komt het!
Hoeveel geld is er verdiend?
Echt waar?
Zo.
Dat is nog eens veel.
Dan horen ze het grote nieuws.
Het buurthuis blijft.
Nu is het pas echt feest!
Jelmer trekt Benno en Kim achter zich aan.
Al snel is er een sliert.
Wie doet er mee?

Ze gaan het hele buurthuis door.
Kan dat nou niet elk jaar?
Een feest voor het buurthuis.

Naam: *Benno de Boer*
Ik woon met: *mijn broer Jelmer en mijn moeder*
Dit doe ik het liefst: *slapen*
Hier heb ik een hekel aan: *mijn broer als hij me pest*
Later word ik: *schilder, net als mijn moeder*
In de klas zit ik naast: *Jelmer*

Naam: *Jelmer de Boer*
Ik woon met: *mijn broer Benno en mijn moeder*
Dit doe ik het liefst: *iets met de computer*
Hier heb ik een hekel aan: *giechels op school*
Later word ik: *astronaut, net als die man van de tv,*
André nog iets
In de klas zit ik naast: *Benno*

Wil je meer lezen over Mimi, het meisje met de cello op pagina 31 en 32, lees dan Mimi het wonderkind. Mimi zal hierin haar strenge lerares een lesje leren.

Mimi het wonderkind

STICHTING NEDERLANDSE
KINDERJURY
2006

AVI 4

1e druk 2005

ISBN 90.276.6010.7
NUR 282

© 2005 Tekst: Ann Stolting
Illustraties: Juliette de Wit
Vormgeving: Rob Galema
Uitgeverij Zwijsen B.V. Tilburg

Voor België:
Zwijsen-Infoboek, Meerhout
D/2005/1919/151